Dans la collection

grands portraits

Monsieur Chocolat, le premier clown noir
de Bénédicte Rivière et Bruno Pilorget

Malala, pour le droit des filles à l'éducation
de Raphaële Frier et Aurélia Fronty

Le ginkgo, le plus vieil arbre du monde
d'Alain Serres et Zaü

Korczak, pour que vivent les enfants
de Philippe Meirieu et Pef

Martin et Rosa,
Martin Luther King et Rosa Parks,
ensemble pour l'égalité
de Raphaële Frier et Zaü

Mandela, l'Africain multicolore
d'Alain Serres et Zaü

Missak, l'enfant de l'Affiche rouge
de Didier Daeninckx et Laurent Corvaisier

Wangari Maathai,
la femme qui plantait des millions d'arbres
de Franck Prévot et Aurélia Fronty

Iconographie, direction éditoriale
et artistique : Alain Serres
Maquette : K.O.

ISBN : 978-2-35504-727-5

Ce livre est imprimé sur du papier Condat mat Périgord,
issu de forêts gérées durablement, correspondant
aux normes suivantes : ECF (Elemental Chlorine Free),
sans acide à longue durée de vie, conforme aux exigences
européennes concernant la teneur en métaux lourds
(98/638 CE), recyclable et biodégradable.

IMPRIM'VERT®

Achevé d'imprimer en mai 2023
sur les presses de l'imprimerie Pollina Fastline - 2674
à Luçon (85) - France
Dépôt légal : juin 2023

JEAN MOULIN

les cent vies d'un héros

Texte de
Didier Daeninckx

Images de Pef

Mise en couleurs
de Geneviève Ferrier

RUE DU MONDE

Enfant, je rêvais de devenir pilote d'avion.
Chaque été, j'y croyais.

Après toute une année d'école à Béziers, mes parents m'emmenaient pour les vacances à Saint-Andiol, près de Marseille, avec mon frère, Joseph, et ma sœur, Laure.
Là-bas, j'étais émerveillé par les exploits des aventuriers qui essayaient leurs drôles de machines volantes sur l'étang de Berre. Je m'entraînais à bien prononcer le nom de ces assemblages de bois, de toile et d'acier : les hydro-aéroplanes... Il me tardait d'être assez grand pour faire comme ces pionniers.

Je voulais tournoyer dans les airs, vivre au cœur des nuages, les traverser en liberté comme dans les contes de fées.

Mes rêves de grands espaces,
je leur donnais vie en feuilletant les livres
de la bibliothèque familiale.
Je découvrais les paysages lunaires
grâce aux illustrations des romans
de Jules Verne, je plongeais au fond
des océans avec le capitaine Némo.

J'explorais surtout le monde
terrestre en décollant, à la vapeur d'eau,
les timbres-poste qui ornaient les enveloppes
adressées à mes parents,
à mes oncles et tantes.
Dahomey, Oubangui-Chari, Curaçao,
Zanzibar, Kiautschou, Sénégambie...
Il me suffisait de fermer les yeux
sur ces noms magiques de pays lointains
pour y être transporté.

CASERNE D

Mais il existe aussi des pays sombres
et mystérieux d'où on ne revient pas...
J'avais à peine huit ans, en 1907,
quand mon frère, Joseph, a disparu,
vaincu par une maladie qui s'était installée
en lui depuis longtemps et contre laquelle
on ne savait pas lutter.

Laure, ma grande sœur, a caché sa tristesse
pour essayer de me faire oublier la mienne.
Elle inventait toutes sortes de jeux qui servaient
à repousser les larmes, elle me traînait sur
la place du Champ-de-Mars de Béziers pour
le défilé des hussards de la caserne Du-Guesclin
dont les sabres battaient le flanc de
leurs chevaux harnachés.

Elle m'emmenait aussi au cirque,
quand le chapiteau multicolore s'élevait
devant nos fenêtres.

Mais, au fond de moi, je savais à jamais
que le malheur pouvait être immense.

Je ne passais pas une journée sans dessiner.
Tout ce que je voyais se transformait en images.
J'illustrais le journal du collège Henri IV, à Béziers.
En secret, je croquais des caricatures de nos professeurs,
ça faisait rire tous les copains de classe.

Comme on me disait que j'avais du talent,
j'ai trouvé le courage d'envoyer plusieurs
de mes dessins aux journaux de Paris, par la Poste.

J'avais tout juste seize ans quand le premier
a été publié par *La Baïonnette*, en 1915,
et que j'ai reçu un salaire de
dessinateur : dix francs,
le prix de trois paquets de sucre !
D'autres ont paru dans *La Guerre sociale,*
un ancien journal pacifiste.
Je n'ai jamais cessé
de dessiner !

Un des tout premiers dessins de Jean Moulin, adolescent durant la Première Guerre mondiale, en hommage au dévouement des infirmières.
Photo Collection Escoffier

Un autoportrait de Jean Moulin, datant de 1925, signé d'un pseudonyme.
Collection Escoffier

J'aurais bien voulu en faire mon métier, mais mon père n'était pas d'accord. J'ai fini par l'écouter et j'ai étudié le droit...

Pourtant, le goût du dessin, ça ne s'efface pas derrière des lois !

Toute mon adolescence a été marquée par le fracas des combats de la Grande Guerre de 1914-1918, son cortège de morts et de désolations. J'ai revêtu l'uniforme au cours des dernières semaines du conflit, et le spectacle m'a marqué pour toujours.

De retour dans la vie civile, j'ai terminé mes études. À 26 ans, j'ai été nommé sous-préfet d'Albertville, en Savoie, faisant la fierté de mes parents qui répétaient partout, en exagérant un peu, que leur fils était le plus jeune sous-préfet de France !

Après le travail, je passais mon temps à escalader les montagnes, à dévaler les pentes, skis aux pieds, en compagnie du député Pierre Cot qui était devenu un ami proche.

En 1930, j'ai dû quitter les Alpes
pour Châteaulin, en Bretagne,
où j'ai été muté.
Un voyage de mille kilomètres
au volant de mon roadster Amilcar,
une voiture de course rouge
sur laquelle j'avais fait ajouter
une capote.

Au bord de la mer, j'ai fait la
connaissance de peintres,
de sculpteurs proches de Picasso
et de poètes comme Saint-Pol-Roux
et Max Jacob.

De temps en temps,
j'allais passer quelques jours
dans les quartiers bohèmes de Paris,
surtout Montparnasse, où j'achetais
les œuvres de jeunes artistes,
pas encore trop chers, auxquels
je croyais.

La vie semblait facile, mais le ciel
s'assombrissait…

De lourds nuages noirs, chargés de menaces, s'accumulaient au-dessus de l'Italie, de l'Espagne et de l'Allemagne où le parti nazi a remporté les élections en 1933. Et tout est allé très vite...

Une partie de l'Europe s'est transformée en caserne. Les opposants ont été parqués dans des camps comme Dachau, on a traqué les Juifs, les Tsiganes, persécuté les handicapés.

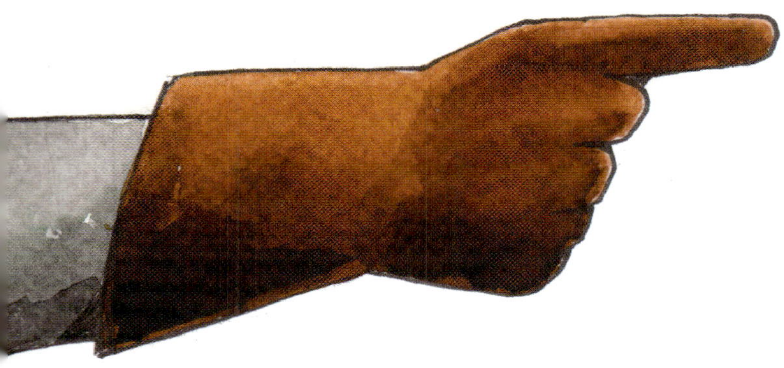

En 1936, la France a pris un grand bol d'air frais, ça faisait du bien ! Les premiers congés ont été accordés par le gouvernement du Front populaire, une alliance de tous les partis de gauche de l'époque. Camping, pique-niques, vélo... Et, même si l'accordéon était lourd, il prenait aussi le train pour la mer !

Mon copain Pierre a été nommé ministre de l'Air et je l'ai aidé à créer des centaines d'aéroclubs où les jeunes osaient s'envoler pour dévorer le ciel. Me sentir utile au bonheur des autres me comblait... alors je volais quelques heures pour peindre et dessiner.

Un air de liberté soufflait aussi de l'autre côté des Pyrénées. Une nouvelle République avait réveillé le vieux Royaume d'Espagne et, là-bas aussi, un Front populaire tentait d'agir pour les plus pauvres. Mais, en 1936, les nuages noirs ont éclaté sur le pays.

Au cœur de l'été, un coup d'État fasciste mené par le général Franco a renversé le gouvernement de Front populaire que le peuple espagnol avait élu. Révoltant !

Pierre Cot et moi sommes alors devenus « trafiquants d'armes » pour la bonne cause. Nous avons fait livrer des dizaines d'avions au gouvernement légal de nos camarades du « *Frente popular* ». Nous avons fourni des pilotes chevronnés à l'escadrille de combat « *España* » créée par l'écrivain français André Malraux...

J'écrivais pour alerter le monde : « Hitler... Il s'attaquera à l'Autriche, à la Pologne, à la Tchécoslovaquie, et ce sera ensuite à notre tour d'être menacés. Nous devons aider les Républicains espagnols si nous ne voulons pas courir à une catastrophe. »

Mais l'État français restait muet.

Et les terribles nuages noirs
n'ont pas tardé à obscurcir notre pays.
Quand en mai 1940, les armées d'Hitler
ont envahi la France,
j'étais préfet, à Chartres, cette fois,
à moins de 100 km de Paris.

J'ai voulu réagir, me battre.
J'ai demandé à être affecté
à un poste de mitrailleur,
dans l'aviation,
mais mes supérieurs au ministère
de l'Intérieur ont jugé que je serais
plus utile à Chartres.

La ville était devenue un enfer.
Par centaines de milliers,
les habitants du Nord, de la Picardie
et de la région parisienne
arrivaient, fuyant devant
les troupes nazies,
sous les bombardements.

Les gens, épuisés, affamés,
dormaient dans les champs,
dans les rues, dans les églises.

Les chiens et les chats abandonnés
redevenaient sauvages, errant par milliers
à la recherche de nourriture.

Avec les fonctionnaires et les volontaires,
nous avons organisé le ravitaillement,
fait rouvrir des boulangeries,
des commerces, soigné les blessés.

Mais après avoir envahi Paris,
l'armée d'occupation a fini
par arriver à Chartres.

Des officiers nazis ont essayé
de me faire signer des documents
qui accusaient les soldats
africains de l'armée française
des atrocités commises
par des soldats allemands.
J'ai résisté, malgré les avalanches
de coups, les humiliations.

Quelle douleur aussi d'entendre
le maréchal Pétain,
chef du gouvernement français,
appeler chacun à cesser
le combat face à l'invasion
de l'armée allemande !

À bout de forces et de souffrances,
j'ai tenté de mettre fin à mes jours
dans la nuit du 17 juin 1940.
Les médecins m'ont sauvé
de justesse le lendemain
alors que, depuis Londres,
au même moment, un général
français lançait sur les ondes
un appel d'espoir
au peuple de France.

Il appelait les soldats
français, les ingénieurs,
les ouvriers à le rejoindre,
à ne pas capituler :
« Quoi qu'il arrive, la flamme
de la Résistance française
ne doit pas s'éteindre
et ne s'éteindra pas. »

C'était la voix du général de Gaulle
et je savais où je devais aller.

Pendant de longs mois, je suis entré en contact avec tous ceux qui refusaient la collaboration avec l'Allemagne, qu'ils soient de droite ou de gauche.

J'ai réussi à me procurer
de faux papiers au nom
de Joseph Mercier, et à prendre
un train pour l'Espagne,
puis un autre pour le Portugal.

Là-bas, un hydravion a décollé
de la baie de Lisbonne, le 20 octobre 1941.
J'étais à son bord...

... et quelques heures plus tard, j'arrivais
enfin en Angleterre, refuge de la France libre.

Le général de Gaulle m'a alors désigné
comme son seul représentant en France occupée,
et m'a chargé de réaliser l'unité des différents
mouvements de résistance qui agissaient,
alors, chacun de leur côté.

Un magnifique
mais gigantesque chantier...

Je suis resté plusieurs semaines
près de Londres à m'entraîner au combat,
à apprendre le mystère des codes secrets,
à passer mon brevet de parachutiste,
avant d'être largué d'un avion
dans le sud de la France, dans les Alpilles,
la nuit du premier janvier 1942.

J'avais choisi un nouveau pseudonyme, Rex,
qui était aussi le nom de ma mission.
J'ai installé un poste émetteur clandestin
dans le presbytère du curé du village
de Caderousse, organisé un réseau de terrains
pour les parachutages d'armes et d'argent...

Il a fallu recruter des informateurs dans l'armée, dans l'administration en prenant parfois de gros risques.

Le plus difficile et le plus périlleux a été de constituer l'Armée secrète et les Mouvements unis de Résistance. Cela s'est fait lors de dizaines de réunions clandestines.

Une activité débordante qui a fini par mettre sur nos traces les traîtres français et les espions allemands.

Pour brouiller les pistes et justifier
mes déplacements incessants,
j'ai ouvert une galerie d'art à Nice
avec Colette Pons, une amie.
Officiellement, je rendais visite aux peintres,
aux sculpteurs à travers tout le pays...

Nous exposions les œuvres
de grands artistes comme Henri Matisse,
Suzanne Valadon ou Maurice Utrillo
et recevions la visite du poète
Jacques Prévert ou du guitariste
Django Reinhardt.

Un soir, dans un message codé
de la radio anglaise, j'ai appris
que le général de Gaulle m'avait décerné
la Croix de la Libération.

Le 12 février 1943, un avion anglais de la Royal Air Force a fait un atterrissage de nuit près de Lons-le-Saunier, dans le Jura, pour me transporter à Londres en compagnie du général Delestraint, le chef de l'Armée secrète. Le général de Gaulle m'a alors nommé ministre de son gouvernement provisoire et m'a confié une nouvelle mission : créer le Conseil national de la Résistance.

Ce Conseil devrait regrouper les mouvements de résistance, les partis politiques et les syndicats, dans le but de bâtir un monde nouveau, après la victoire sur le nazisme.

En mai 1943, nous parvenons à tous travailler ensemble pour, un jour, rétablir l'indépendance du pays, la démocratie, la liberté de conscience et celle de la presse, pour créer la Sécurité sociale, garantir des retraites décentes, l'accès de tous à l'école, au sport, à la culture…

Nous voulions tellement que nos rêves deviennent réalité quand nous aurions vaincu l'obscurité.

De retour en France,
par un nouveau vol clandestin,
j'ai profité d'un moment de répit
pour rendre visite, sur un vélo,
à ma mère et à ma sœur, Laure,
dans la maison de nos vacances
d'enfance. J'y ai à peine repris
ma respiration que la ronde infernale
des contacts, des réunions
a recommencé...

Le 21 juin 1943, une rencontre décisive pour la Résistance devait se tenir à Caluire, près de Lyon, dans la maison où un ami, le docteur Dugoujon, recevait les malades. Nous sommes arrivés, en début d'après-midi, discrètement, les uns après les autres, comme de simples patients.

Nous nous apprêtions à rejoindre une salle de discussion quand deux Traction Avant noires sont arrivées sur la place Castellane.

Une dizaine de policiers allemands, mitraillette à la main, ont fait irruption en tirant des coups de feu ; ils étaient conduits par le chef de la Gestapo lyonnaise : Klaus Barbie.

ARBEIT MACHT FREI

Comme mes compagnons, j'ai été transféré dans le quartier général des tortionnaires, à l'École de santé militaire, près des rives du Rhône, à Lyon.

Mes faux papiers me présentaient comme étant Jacques Martel, mais Klaus Barbie savait déjà qui j'étais. « Profession ? » m'a-t-il lancé... Quand j'ai répondu : « Artiste peintre », les coups ont redoublé.

À chaque gifle, chaque torture, je pensais aux centaines de milliers de déportés, aux Juifs exterminés, aux résistants exécutés, aux privations que subissait tout mon peuple...

C'est le courage de tous ces inconnus qui me donnait la force de supporter mon sort.

On m'a mis dans un train, sous forte escorte, transféré à Paris, avant de me déporter en Allemagne où, trop affaibli, je ne suis jamais arrivé.

Aujourd'hui, je suis au Panthéon de la République, pour l'éternité, en compagnie de l'écrivain Victor Hugo et de tout le peuple de personnages qu'il a créés, Gavroche, Cosette, Jean Valjean, Esmeralda, Quasimodo…

Il y a là Simone Veil, cette jeune déportée qui a tant lutté pour la liberté des femmes.

Je croise Jean Jaurès qui s'est épuisé à conjurer la guerre, et un ange de générosité : la chanteuse Joséphine Baker, ainsi que Marie Curie qui a mis l'atome au service de la vie.

Tant d'autres encore, philosophes, artistes, utopistes, résistants chacun à sa manière, qui ont fait de nous ce que nous sommes.

L'envie me prend souvent que nos histoires réunies nous réveillent et nous donnent assez de forces pour traverser, tant d'années après, les murs de pierre de notre Panthéon.

L'envie d'aller voir ensemble dans les rues de Paris si nos promesses de printemps ont été tenues.
Et comment nous pouvons le faire encore plus beau que dans nos rêves.

Jean Moulin,

héros de la Résistance au nazisme

DES DOCUMENTS POUR MIEUX COMPRENDRE

grands portraits

DOSSIER DOCUMENTAIRE RÉALISÉ PAR ALAIN SERRES

Jean Moulin à Montpellier, en mars 1940.
Photo Marcel Bernard - Collection Escoffier

Les dates de la vie de Jean Moulin

Au collège Henri IV de Béziers, Jean Moulin, debout à droite, au second rang.
Photo Collection Escoffier

• **20 juin 1899,** Jean Moulin naît à Béziers (34), sous-préfecture de l'Hérault. Son père, professeur de lettres, d'histoire et de géographie fut président de la Ligue des droits de l'homme de Béziers, élu local, mais aussi poète et auteur de pièces de théâtre.

• **3 août 1914,** l'Allemagne déclare la guerre à la France, c'est le début de la Première Guerre mondiale.

• **Octobre 1915,** un premier dessin de Jean Moulin, âgé de 16 ans, est publié dans le journal *La Baïonnette*. Jamais il ne cessera de dessiner.

• **1917,** le jeune Jean obtient son baccalauréat. Il fut élevé, avec ses deux sœurs et son frère, autour des valeurs de la Révolution française de 1789, des idéaux de liberté et d'égalité. Il poursuit des études de droit à Montpellier.

• **Avril 1918,** il est mobilisé au 2e régiment du Génie, à Montpellier (34).

• **11 novembre 1918,** l'armistice est signé entre la France et l'Allemagne. La Première Guerre mondiale aura fait près de 20 millions de victimes, civiles pour la moitié, et 21 millions de blessés.

• **En 1922,** Jean Moulin est nommé chef de cabinet auprès du préfet de Savoie, à Chambéry.

• **En 1925,** Jean Moulin est nommé sous-préfet en Savoie, à Albertv lle. C'est le début d'une carrière préfectorale qui le mènera dans plusieurs départements

• **Janvier 1933,** Adolf Hitler devient chancelier en Allemagne, en mars, son parti nazi emporte les élections et élimine, une à une, toutes les libertés démocratiques.

• **En 1936,** Jean Moulin est nommé chef de cabinet du ministre de l'Air, Pierre Cot, sous le Front populaire.

• **En février 1939,** il est nommé préfet d'Eure-et-Loir, à Chartres.

• **3 septembre 1939,** l'Angleterre et la France déclarent la guerre à l'Allemagne qui vient d'envahir la Pologne.

• **16 juin 1940,** en France, Pétain forme un gouvernement qui s'ouvre à la collaboration avec l'Allemagne nazie.

• **17 juin,** les troupes allemandes, qui sont entrées dans Paris trois jours plus tôt, arrivent à Chartres.

Jean Moulin, en août 1939, avec sa mère et sa sœur, à la préfecture de Chartres.
Photo Collection Escoffier

• **Ce même jour,** Jean Moulin refuse d'accuser de crimes des soldats africains de l'armée française que les Allemands voulaient rendre responsables de la mort d'habitants de Chartres qu'ils avaient eux-mêmes tués. Il est battu, torturé, blessé. Il tente de se suicider.

Jean Moulin avec Pierre Cot et André Malraux dans un rassemblement de soutien aux Républicains espagnols, en juillet 1936, à Paris.

Collection Escoffier

Jean Moulin sur la plage de Valras, dans l'Hérault.

Photo Collection Escoffier

• **18 juin 1940,** le général de Gaulle, lance son appel à la Résistance, depuis Londres.

• **Le 2 novembre 1940,** Jean Moulin est démis de ses fonctions de préfet par l'administration de Pétain. Il part en Provence, dans le sud de la France, où il entre en relation avec les premiers réseaux de résistance qui commencent à se former.

• **En octobre 1941,** il rejoint Londres et le général de Gaulle, en passant par L'Espagne et le Portugal.

• **25 octobre 1941,** première rencontre entre Jean Moulin et le général de Gaulle.

• **25 décembre 1941,** Jean Moulin est nommé délégué du Comité national français pour la zone libre, par le général de Gaulle.

• **Durant toute l'année 1942,** Jean Moulin travaille à coordonner la Résistance dans le sud du pays, avec notamment l'aide de son secrétaire, Daniel Cordier.

• **À partir du 15 février 1943,** Jean Moulin séjourne plus d'un mois à Londres où le général de Gaulle le charge de créer le Conseil de la Résistance, avec pour mission d'unifier tous les mouvements.

• **27 mai 1943,** Jean Moulin préside la première réunion du Conseil national de la Résistance, 48, rue du Four à Paris, où une plaque rappelle toujours cet événement.

• **21 juin 1943,** Jean Moulin est arrêté par la Gestapo, à Caluire, près de Lyon, lors d'une réunion de dirigeants de la Résistance. Il a probablement été victime d'une trahison.

• **8 juillet 1943,** mort de Jean Moulin dans un train, à Metz, lors de son transfert en Allemagne.

• **15 mars 1944,** le programme du CNR est publié, riche de nombreuses avancées sociales et démocratiques.

Une barricade dans une rue de Paris en août 1944 pour libérer la capitale des troupes nazies. Photo AFP

• **24 août 1944,** Paris est libéré.

• **8 mai 1945,** l'Allemagne nazie capitule.

• **19 décembre 1964,** les cendres de Jean Moulin entrent au Panthéon accompagnées par un discours historique d'André Malraux.

Un extrait de l'appel du 18 Juin

« Moi, général de Gaulle, actuellement à Londres, j'invite les officiers et les soldats français qui se trouvent en territoire britannique, ou qui viendraient à s'y trouver, avec leurs armes, ou sans leurs armes, j'invite les ingénieurs et les ouvriers spécialistes des industries d'armement qui se trouvent en territoire britannique ou qui viendraient à s'y trouver, à se mettre en rapport avec moi. Quoi qu'il arrive, la flamme de la Résistance française ne doit pas s'éteindre et ne s'éteindra pas. »

Général de Gaulle, 18 juin 1940

Le général de Gaulle passe en revue des femmes soldats des Forces françaises libres basées à Londres, le 14 juillet 1942.

Photo Central /AFP

D'autres grands noms de résistants

La Résistance, ce sont des milliers de personnes qui, dans le pays, ont fait le choix d'entraver l'action des forces d'occupation allemandes, d'affaiblir leur organisation, parfois d'éliminer leurs représentants.
Ce n'était souvent que de petits gestes du quotidien, transporter un message, apporter de la nourriture à des maquisards, mais aussi, parfois, des actions beaucoup plus lourdes qui demandaient une importante coordination. Ainsi, des cheminots réussirent à faire dérailler des convois militaires allemands ou à empêcher des trains de munitions de circuler.

Document RDM

Cette affiche rouge fut placardée par les nazis pour tenter d'effrayer la population en représentant les résistants immigrés du groupe FTP-MOI, dirigés par le militant communiste arménien Missak Manouchian, comme de dangereux terroristes. Tous furent exécutés par les nazis en février 1944. En 2024, Missak Manouchian et sa femme, Mélinée, doivent entrer au Panthéon.

Parmi les noms qui incarnent la Résistance, citons ceux de :

- Lucie Aubrac, et son mari Raymond Aubrac qui contribua à l'organisation de l'Armée secrète aux côtés de Jean Moulin.
- Pierre Brossolette, dirigeant de la Résistance qui, torturé par les nazis, choisit de se donner la mort plutôt que de dénoncer ses camarades.
- Henri Rol-Tanguy, qui fut le coordinateur du soulèvement populaire qui a permis la libération de Paris, en faisant converger l'action de résistants parisiens et l'arrivée des troupes du général Leclerc et sa division de blindés.
- Germaine Tillion, ethnologue, qui participa à l'un des tout premiers réseaux de résistance, celui dit « du Musée de l'Homme », elle subira la déportation.

De nombreuses places, rues ou écoles de France portent les noms de ces héros.

Klaus Barbie, le bourreau de Jean Moulin

La maison de Caluire où la Gestapo dirigée par Barbie a arrêté Jean Moulin et l'état-major de la Résistance française. Une plaque de marbre y rappelle, aujourd'hui, cette page de notre histoire.

Photo Gérard Malie / AFP

Klaus Barbie était un officier de police de l'Allemagne nazie. Après de nombreuses missions aux Pays-Bas, en Russie, en France, il est nommé chef de la Gestapo (la police politique d'Hitler) pour la région de Lyon, à partir de février 1943. Il décide alors de l'exécution de nombreux otages français, la déportation de centaines de Juifs vers les camps de la mort et notamment, en avril 1944, des 44 enfants d'Izieu âgés de 5 à 13 ans.

Klaus Barbie pourchasse, torture ou assassine de nombreux résistants et des villageois qui soutiennent les maquisards dans l'Ain et le Jura. Pour sa barbarie, il sera surnommé « le Boucher de Lyon ». C'est lui qui arrête Jean Moulin à Caluire, dans les environs de Lyon, en 1943.

Après la libération de la France et la capitulation de l'Allemagne, le 8 mai 1945, Klaus Barbie parvient à rejoindre l'Allemagne, puis à passer sous la protection des services de renseignements de l'armée américaine.

À partir de 1951, sous une fausse identité, il s'installe en Bolivie où il collaborera avec l'armée du dictateur Banzer.

La militante anti-nazie allemande Beate Klarsfeld finira par le débusquer. En 1983, Barbie est extradé vers la France. Il sera incarcéré dans la prison de Montluc, à Lyon, où il torturait les résistants. Après un long procès où les survivants et les familles de victimes ont décrit les crimes de Barbie, il a été condamné, le 4 juillet 1987, à la prison à perpétuité, pour crimes contre l'humanité. Il y décédera quatre ans plus tard, victime d'un cancer.

Klaus Barbie au premier jour de son procès, à Lyon, le 11 mai 1987.

Photo AFP

Des lieux mémoire de la Résistance

Plus de 60 musées de la Résistance peuvent se visiter en France. En voici trois, particulièrement intéressants :

• Le musée de la Libération-Leclerc-Moulin

4, avenue du Colonel-Henri-Rol-Tanguy
75014 Paris
www.museeliberation-leclerc-moulin.paris.fr

• Le Centre d'histoire de la Résistance et de la Déportation

Installé dans l'ancien siège de la Gestapo lyonnaise
14, avenue Berthelot - 69007 Lyon
www.chrd.lyon.fr

• Le musée de la Résistance nationale

40, quai Victor-Hugo
94500 Champigny-sur-Marne
www.musee-resistance.com

C'est dans cette petite boîte d'allumettes que Jean Moulin dissimula l'ordre de mission, enregistré sur un microfilm, que le général de Gaulle lui avait confié : unifier la Résistance.

Document du musée de la Libération de Paris
musée du général Leclerc - musée Jean Moulin

Le Chant des partisans

Ce chant est devenu l'hymne de la Résistance française.
La musique est composée à partir d'une chanson russe par Anna Marly qui en 1940 a quitté Paris pour Londres. Le 17 mai 1943, cette mélodie sifflée devient l'indicatif d'une émission de la France libre sur la BBC, la radio nationale britannique.

Le 30 mai de la même année, les écrivains Joseph Kessel et Maurice Druon en écrivent les paroles. *Le Chant des partisans* fut notamment interprété lors de la cérémonie d'hommage à Jean Moulin, au Panthéon, en 1964, après le discours historique d'André Malraux, ministre de la Culture.

Des résistants prennent le maquis

Des femmes et des hommes ont choisi de résister en prenant le maquis dans des zones forestières ou montagneuses. Ces maquisards en armes surveillaient des routes, attaquaient des convois allemands ou cachaient des responsables de la Résistance. Vivant dans des zones isolées, ils étaient souvent aidés par la population des villages environnants, notamment pour se nourrir.

Le nombre de maquisards a considérablement augmenté en 1943, mais, dès mars 1944, l'armée allemande, avec le soutien de miliciens français, a décidé de tout mettre en œuvre pour éliminer ces poches de résistance. Ainsi, sur le plateau des Glières (en Haute-Savoie) ou dans le massif du Vercors, des centaines de maquisards ont péri, en déportation ou fusillés sur place.

Ami, entends-tu le vol noir des corbeaux sur nos plaines ?
Ami, entends-tu les cris sourds du pays qu'on enchaîne ?
Ohé, partisans, ouvriers et paysans, c'est l'alarme !
Ce soir, l'ennemi connaîtra le prix du sang et des larmes.

Montez de la mine, descendez des collines, camarades,
Sortez de la paille les fusils, la mitraille, les grenades,
Ohé, les tueurs, à vos armes et vos couteaux, tirez vite,
Ohé, saboteurs, attention à ton fardeau, dynamite.

C'est nous qui brisons les barreaux des prisons pour nos frères,
La haine à nos trousses et la faim qui nous pousse, la misère,
Il y a des pays où les gens au creux des lits font des rêves,
Ici, nous, vois-tu, nous on marche, nous on tue, nous on crève.

Ici, chacun sait ce qu'il veut, ce qu'il fait quand il passe,
Ami, si tu tombes, un ami sort de l'ombre à ta place,
Demain, du sang noir séchera au grand soleil sur nos routes,
Chantez, compagnons, dans la nuit la liberté nous écoute.

Ami, entends-tu les cris sourds du pays qu'on enchaîne ?
Ami, entends-tu le vol noir du corbeau sur la plaine ?

Groupe de maquisards réunis dans la cour d'une ferme. Photo AFP

Photo Marcel Bernard - Collection Escoffier